AF189420

Impressum
Verlag: BABADADA GmbH, Nedderfeld 112 , 22529 Hamburg
Geschäftsführer / Verlagsleitung: Harald Hof
Druck: Books on Demand GmbH, In de Tarpen 42, 22848 Norderstedt

Imprint
Publisher: BABADADA GmbH, Nedderfeld 112 , 22529 Hamburg, Germany
Managing Director / Publishing direction: Harald Hof
Print: Books on Demand GmbH, In de Tarpen 42, 22848 Norderstedt

koulu
mekdep

jakaa
bölmek

186/2

taulu
tagta

luokkahuone
synp otagy

koulunpiha
mekdep howlusy

opettaja
mugallym

paperi
kagyz

kynä
ruçka

kirjoituspöytä
ýazuw stoly

viivoitin
çyzgyç

kirjoittaa
ýazmak

kirja
kitap

oppilas
okuwçy

reppu

ranes

penaali

penal

lyijykynä

galam

kynänteroitin

galam artylýan

pyyhekumi

bozguç

piirustuslehtiö

surat çekmek üçin albom

piirustus
surat

pensseli
çotgajyk

vesivärit
reňkli guty

sakset
gaýçy

liima
ýelim

harjoituskirja
depder

kotitehtävä
öý işi

12

luku
san

2+2

lisätä
goşmak

5-2

vähentää
aýyrmak

2×2

kertoa
köpeltmek

laskea
hasaplamak

A

kirjain
harp

ABCDEFG
HIJKLMN
OPQRSTU
VWXYZ

aakkoset
elipbiý

hello

sana
söz

teksti

tekst

lukea

okamak

liitu

hek

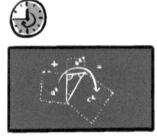

oppitunti

sapak

opettajan muistikirja

synp dergisi

koe

synag

todistus

diplom

koulupuku

mekdep lybasy

koulutus

bilim

sanakirja

ensiklopediýa

yliopisto

uniwersitet

mikroskooppi

mikroskop

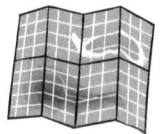

kartta

karta

roskakori

kagyz üçin sebet

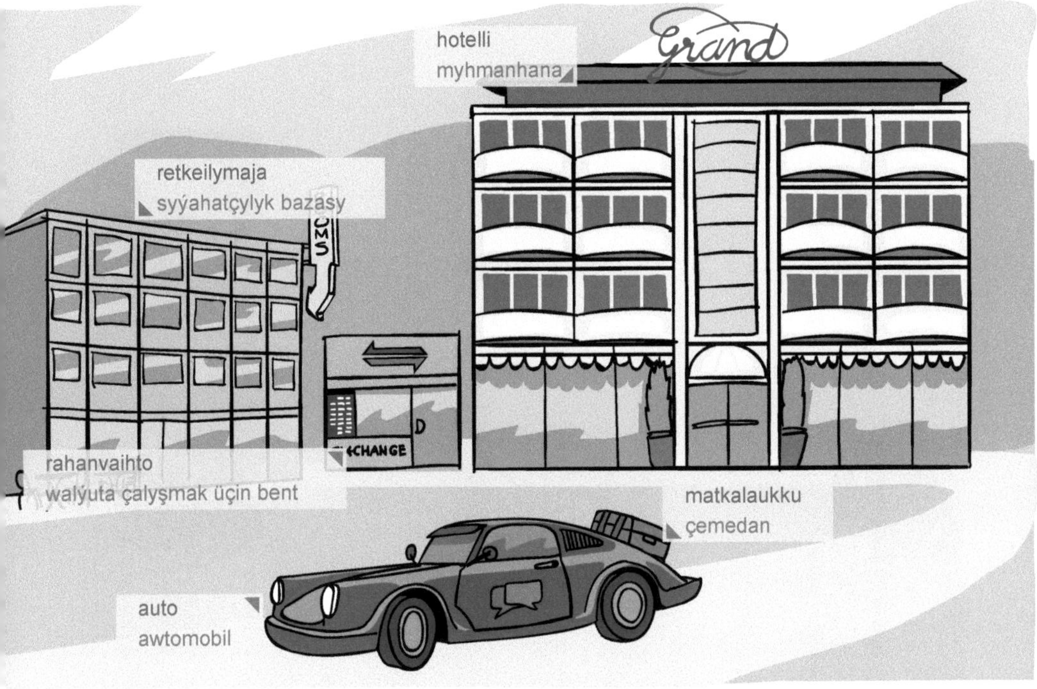

hotelli
myhmanhana
Grand
retkeilymaja
syýahatçylyk bazasy
CHANGE
rahanvaihto
walýuta çalyşmak üçin bent
matkalaukku
çemedan
auto
awtomobil

kieli
dil

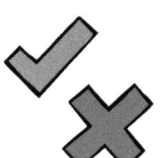

kyllä / ei
hawwa / ýok

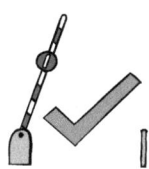

selvä
bolýa

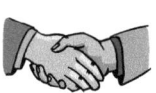

hei
salam

tulkki
terjimeçi

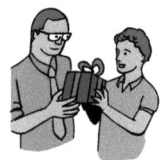

kiitos
Minnetdar

Paljonko...maksaa?

bahasy näçe?

en ymmärrä

men düşünmeýärin

ongelma

mesele

Hyvää iltaa!

Agşamyňyz haýyr!

Hyvää huomenta!

Ertiriňiz haýyrly!

Hyvää yötä!

Gijäňiz rahat bolsun!

näkemiin

görüşýänçäk

suunta

ugur

matkatavarat

ýük

laukku

torba

reppu

eginden asylýan torba

vieras

myhman

huone

otag

makuupussi

halta ýorgan

teltta

çadyr

turisti-info

syýahatçylyk maglumaty

ranta

kenarýaka

luottokortti

karz karty

aamupala

ertirlik

lounas

günortanlyk

päivällinen

agşamlyk

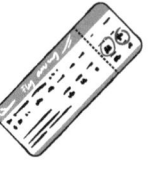

matkalippu

petek

hissi

lift

postimerkki

poçta markasy

raja

çäk

tulli

gümrük

suurlähetystö

ilçihana

viisumi

wiza

passi

pasport

kuljetus
ulag

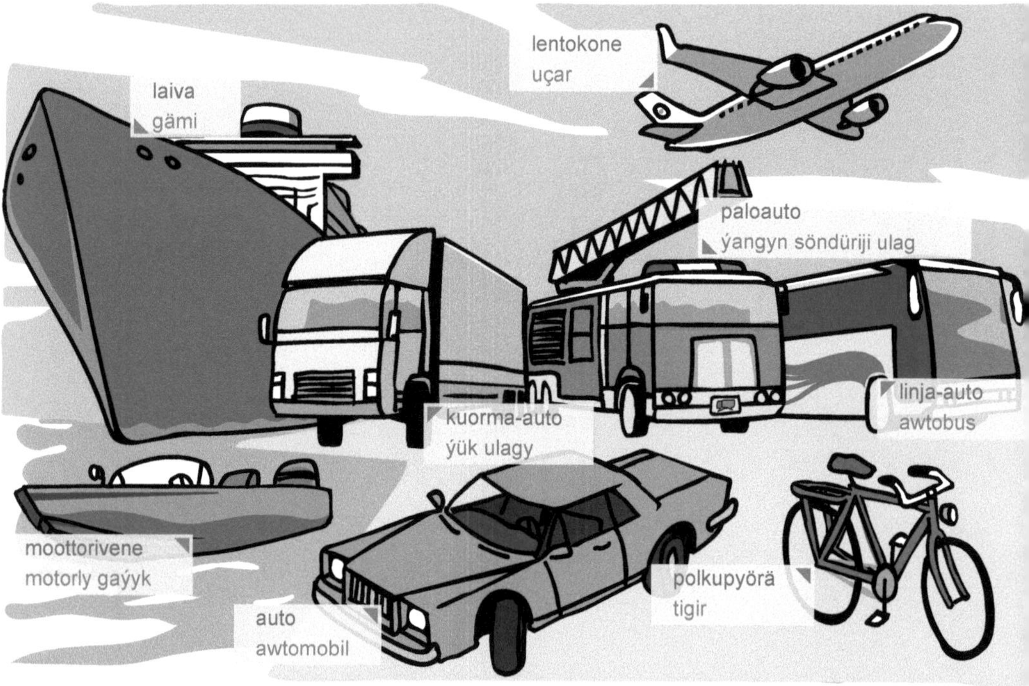

lentokone
uçar
laiva
gämi
paloauto
ýangyn söndüriji ulag
linja-auto
awtobus
kuorma-auto
ýük ulagy
moottorivene
motorly gaýyk
polkupyörä
tigir
auto
awtomobil

lautta

parom

vene

gaýyk

moottoripyörä

motosikl

poliisiauto

polisiýa ulagy

kilpa-auto

çapyşyk

vuokra-auto

kärendä alnan ulga

car sharing

ulagy bilelikde ulanmak

hinausauto

tirkeg ulagy

roska-auto

zir-zibil daşaýan ulag

moottori

hereketlendiriji

polttoaine

ýangyç

huoltoasema

guýma

liikennemerkki

ýol belgisi

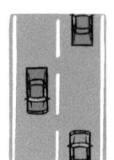

liikenne

hereket

ruuhka

dyky

parkkipaikka

awtoduralga

rautatieasema

menzil

raiteet

seplem

juna

otly

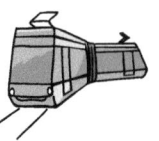

raitiovaunu

tramwaý

vaunu

wagon

helikopteri

dik uçar

lentokenttä

howa menzili

lähilennonjohto

minara

matkustaja

ýolagçy

kontti

konteýner

pahvilaatikko

guty

kärryt

araba

kori

sebet

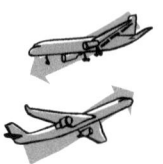

nousta / laskea

uçmak / gonmak

kaupunki

şäher

kylä

oba

keskusta

şäher merkezi

talo

öý

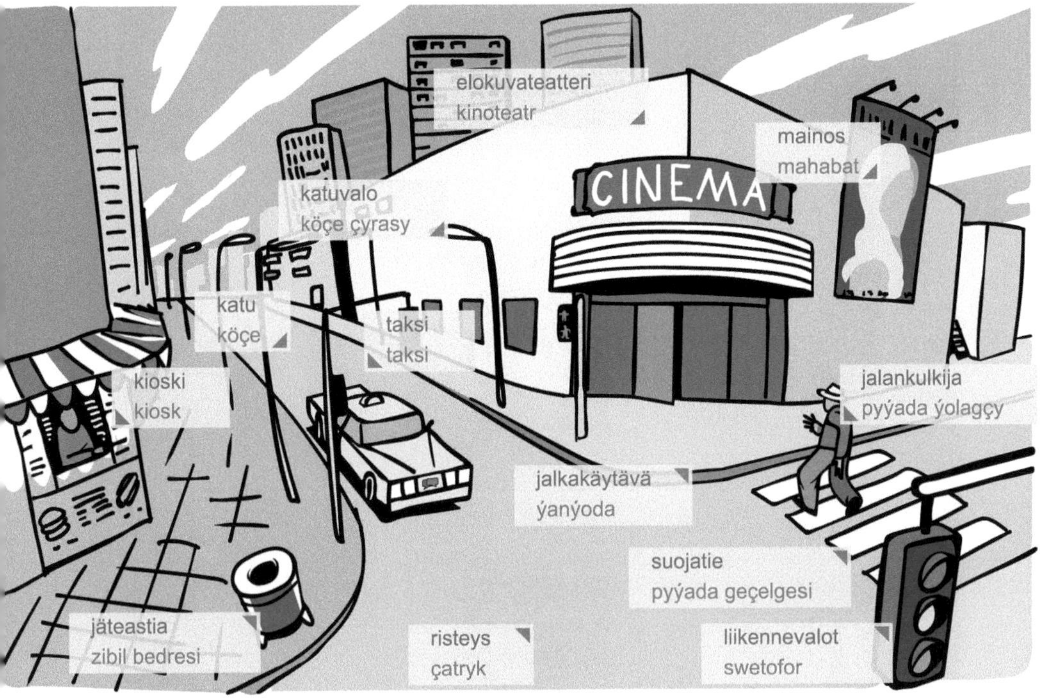
elokuvateatteri
kinoteatr
mainos
mahabat
CINEMA
katuvalo
köçe çyrasy
katu
köçe
taksi
taksi
kioski
kiosk
jalankulkija
pyýada ýolagçy
jalkakäytävä
ýanýoda
suojatie
pyýada geçelgesi
jäteastia
zibil bedresi
risteys
çatryk
liikennevalot
swetofor

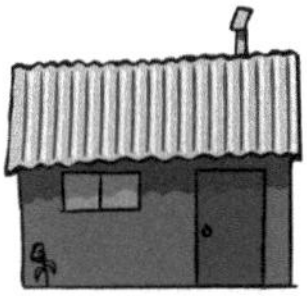

mökki

kepbe

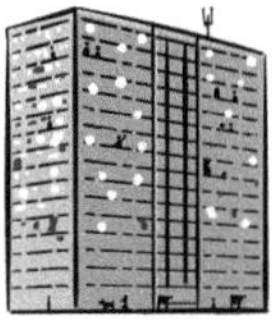

kerrostalo

öý

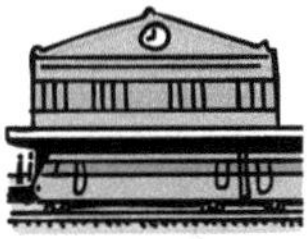

rautatieasema

menzil

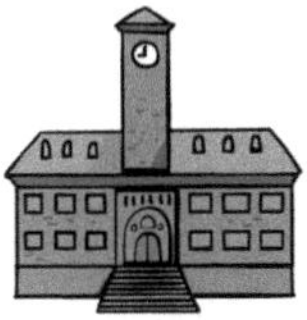

kaupungintalo

şäher häkimligi

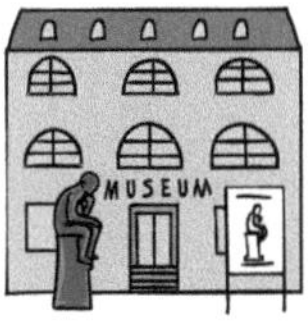
MUSEUM

museo

muzeý

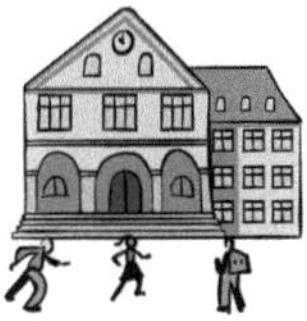

koulu

mekdep

yliopisto

uniwersitet

pankki

bank

sairaala

hassahana

hotelli

myhmanhana

apteekki

dermanhana

toimisto

ofis

kirjakauppa

kitap dükany

liike

dükan

kukkakauppa

gül dükany

supermarketti

supermarket

tori

bazar

tavaratalo

uniwermag

kalakauppias

balyk söwdagäri

ostoskeskus

söwda merkezi

satama

port

puisto

park

penkki

oturgyç

silta

köpri

portaat

merdiwan

metro

metro

tunneli

ötük

linja-autopysäkki

awtobus

baari

bar

ravintola

restoran

postilaatikko

poçta gutusy

katukyltti

köçäni adyny görkezýän ýazgy

parkkimittari

parkometr

eläintarha

haýwanat bagy

uimala

basseýn

moskeija

metjit

maatila
ferma

ympäristön saastuminen
daşky gurşawyň
hapalanmagy

hautausmaa
gonamçylyk

kirkko
buthana

leikkikenttä
çaga meýdançasy

temppeli
ybadathana

maisema
landşaft

lehti
ýaprak

tienviitta
ýol görkeziji

tie
ýol

niitty
ýaýla

kivi
daş

puu
agaç

retkeilijä
syýahatçy

joki
derýa

ruoho
ot

kukka
gül

laakso
dere

vuori
dag

järvi
köl

metsä
tokaý

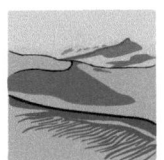

aavikko
çöl

tulivuori
wulkan

linna
gulp

sateenkaari
älemgoşar

sieni
kömelek

palmu
palma agajy

hyttynen
çybyn

kärpänen
sinek

muurahainen
garynja

mehiläinen
bal arysy

hämähäkki
möý

kovakuoriainen

tomzak

sammakko

gurbaga

orava

awusiýdik

siili

kirpi

jänis

towşan

pöllö

baýguş

lintu

guş

joutsen

guw

villisika

ýekegapan

peura

sugun

hirvi

los

pato

bent

tuulimylly

şemal generatory

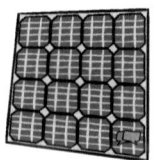

aurinkopaneeli

gün batareýasy

ilmasto

howa

tarjoilija
ofisiant

ruokalista
menýu

tuoli
oturgyç

keitto
çorba

pitsa
pizza

ruokailuvälineet
aşhana gap-gaçlary

pöytäliina
stoluň örtgi matasy

alkuruoka
garbanma

pääruoka
esasy tagam

jälkiruoka
süýjülik

juomat
içgiler

ruoka
nahar

pullo
süýşe

pikaruoka

tiz tagam

katuruoka

köçe iýmiti

teekannu

çäýnek, kitir

sokeriastia

şeker gaby

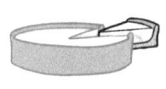

annos

porsiýa

espressokeitin

kofe gaýnadyjy

syöttötuoli

çaga oturgyjy

lasku

hasap

tarjotin

mejme

veitsi

pyçak

haarukka

çarşak

lusikka

çemçe

teelusikka

çaý çemçesi

servietti

salfetka

lasi

bulgur

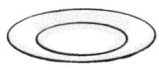

lautanen

tarelka

syvä lautanen

çorba tarelkasy

aluslautanen

tabajyk

kastike

sous

suolasirotin

duz gaby

pippurimylly

burçy üweýji

etikka

sirke

öljy

ýag

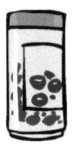

mausteet

huruş

ketsuppi

ketçup

sinappi

gorçisa

majoneesi

maýonez

tarjous
ýörite teklip

asiakas
alyjy

maitotuotteet
süýt önümleri

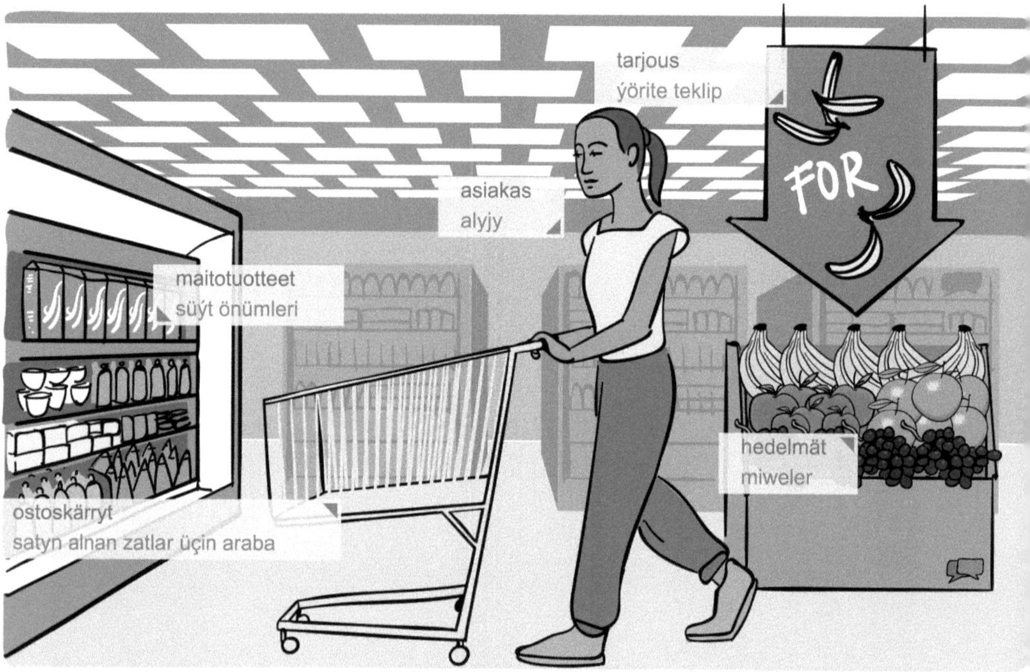

FOR

hedelmät
miweler

ostoskärryt
satyn alnan zatlar üçin araba

teurastamo	leipomo	punnita
et dükany	çörek kärhanasy	ölçemek
	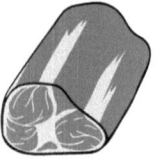	
kasvikset	liha	pakasteet
gök önümler	et	tiz doňýan önümler

leikkele
kesme

säilykkeet
konserwirlenen önümler

pesujauhe
kir ýuwujy toz

makeiset
süýjülikler

kotitaloustarvikkeet
öýde ulanylýan zat

puhdistusaineet
ýuwujy serişde

myyjä
satyjy aýal

kassa
kassa

kassanhoitaja
pulhanaçy

ostoslista
satyn alynmaly zatlar

aukioloajat
iş wagty

lompakko
gapjyk

luottokortti
karz karty

kassi
sumka

muovipussi
polietilen paket

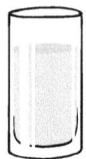

vesi

suw

mehu

şire

maito

süýt

kokis

koka-kola

viini

wino

olut

piwo

alkoholi

alkogol

kaakao

kakao

tee

çaý

kahvi

kofe

espresso

espresso

cappuccino

kapuçino

banaani

banan

omena

alma

appelsiini

pyrtykal

meloni

garpyz

sitruuna

limon

porkkana

käşir

valkosipuli

sarymsak

bambu

bambuk

sipuli

sogan

sieni

kömelek

pähkinät

hoz

spagetti

un aş

spagetti

spagetti

riisi

tüwi

salaatti

işdäaçar

ranskalaiset

gowurylan ýer alma

paistetut perunat

gowurylan ýer alma

pitsa

pizza

hampurilainen

gamburger

voileipä

sendwiç

leike

üweme

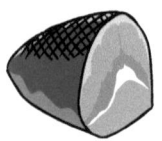

kinkku

wetçina

salami

salýami

makkara

şöhlat

kana

towuk

paisti

gowrulyp taýýarlanýan
nahar

kala

balyk

kaurahiutaleet

süle patragy

mysli

mýusli

murot

mekgejöwen patragy

jauho

un

voisarvi

kruassan

sämpylä

bulka

leipä

çörek

paahtoleipä

tost

keksit

köke

voi

ýag

rahka

dorog

kakku

pirog

kananmuna

ýumurtga

paistettu kananmuna

heýgenek

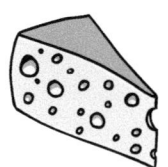

juusto

peýnir

jäätelö

doňdurma

sokeri

şeker

hunaja

bal

hillo

marmelad

suklaapähkinälevite

nogully krem

curry

karri

maatila
ferma

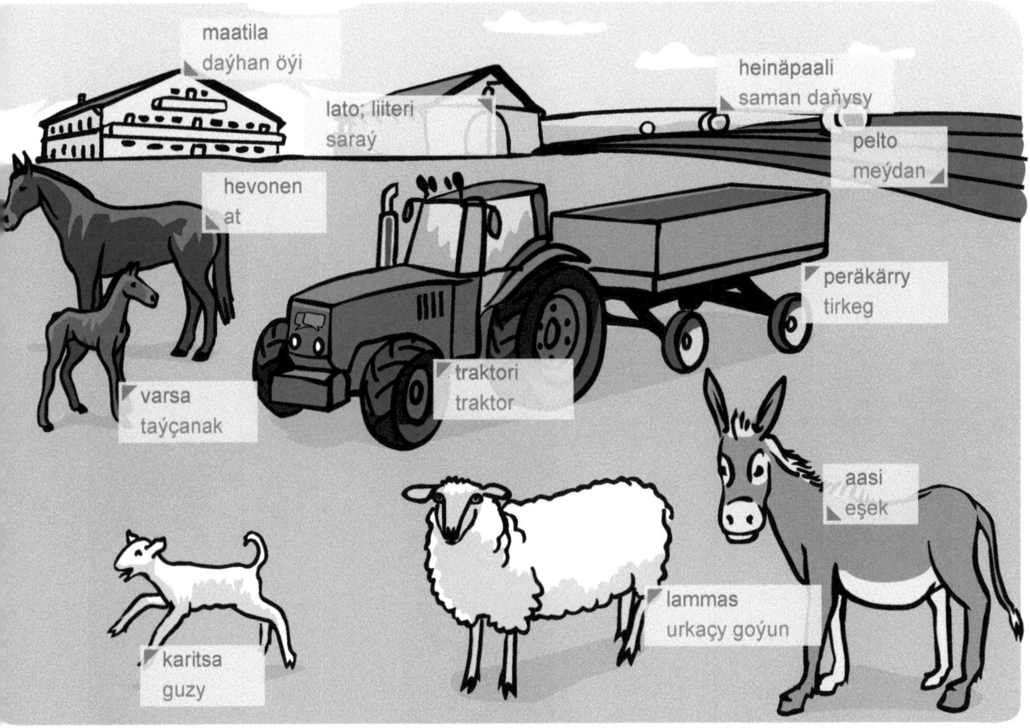
maatila
daýhan öýi
lato; liiteri
saraý
heinäpaali
saman daňysy
pelto
meýdan
hevonen
at
peräkärry
tirkeg
traktori
traktor
varsa
taýçanak
aasi
eşek
lammas
urkaçy goýun
karitsa
guzy

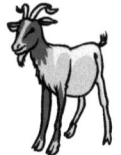

vuohi
geçi

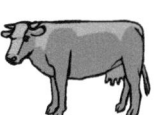

lehmä
sygyr

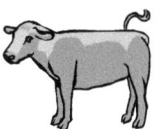

vasikka
göle

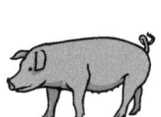

sika
doňuz

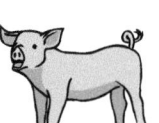

porsas
jojuk

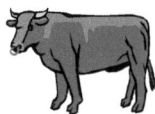

sonni
öküz

hanhi
gaz

ankka
ördek

tipu
jüýje

kana
towuk

kukko
horaz

rotta
alaka

kissa
pişik

hiiri
syçan

härkä
öküz

koira
it

koirankoppi
it ýatagy

puutarhaletku
bag şlangy

kastelukannu
guýgyç

viikate
orak

aura
azal

sirppi
orak

kuokka
kätmen

talikko
dökün çarşagy

kirves
palta

kottikärryt
galtak

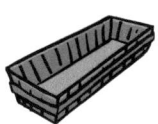

kaukalo
kersen

maitokannu
süýt üçin tüññür

säkki
halta

aita
haýat

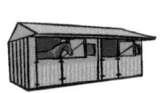

talli
çörek

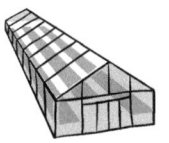

kasvihuone
ýyladyşhana

maa
toprak

siemen
ekin

lannoite
dökün

leikkuupuimuri
kombaýn

kerätä sato

hasyl ýygnamak

sato

galla

jamssit

ýams

vehnä

bugdaý

soija

soýa

peruna

ýeralma

maissi

mekgejöwen

rypsi

raps

hedelmäpuu

miwe agajy

maniokki

manioka

vilja

däneli ösümlikler

savupiippu
tüsseçykar

katto
üçek

sadevesikouru
suw akdyrylýan tarnaw

ikkuna
penjire

autotalli
ulagjaý

ovikello
jaň

ovi
gapy

roska-astia
hapa atylýan bedre

postilaatikko
poçta gutusy

puutarha
bag

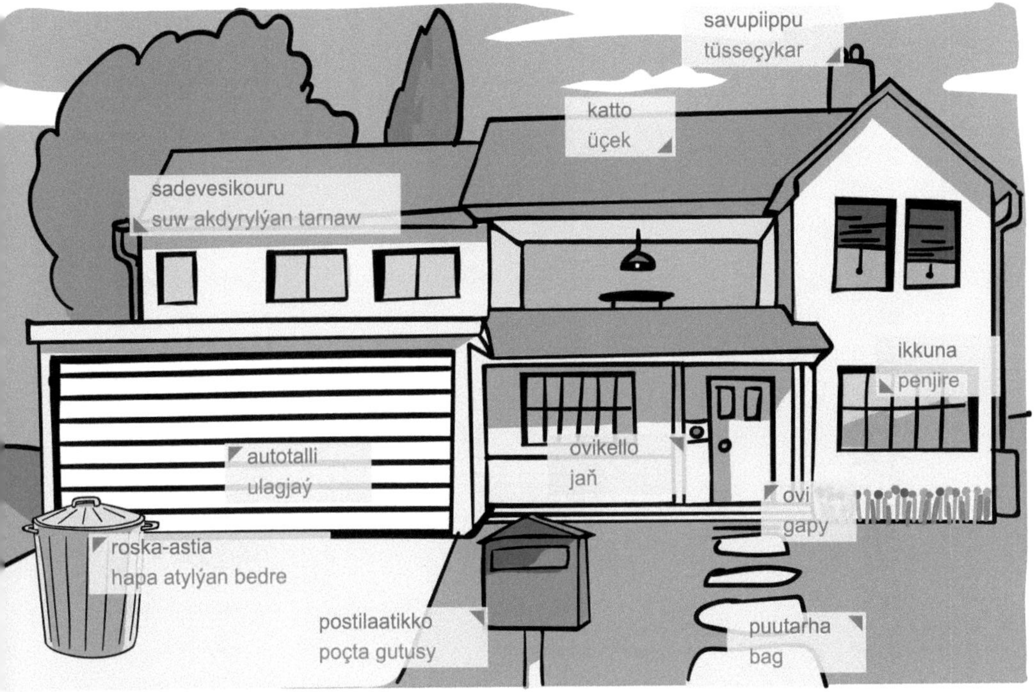

olohuone

myhman otagy

kylpyhuone

wanna otagy

keittiö

aşhana

makuuhuone

ýatalga otagy

lastenhuone

çaga otagy

ruokahuone

naharhana

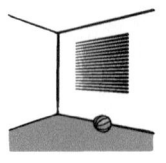

lattia

pol

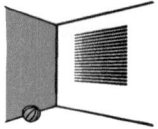

seinä

diwar

katto

potolok

kellari

ýerzemin

sauna

hamam

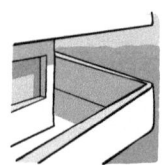

parveke

balkon

terassi

eýwan

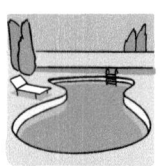

uima-allas

howdan

ruohonleikkuri

gazon orujy

lakana

ýorgan daşlygy

päiväpeitto

örtgi

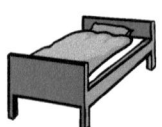

sänky

ýatakça

harja

sübse

ämpäri

bedre

katkaisin

öçüriji

olohuone
myhman otagy

tapetti
oboýlar
kuva
çekilen surat
lamppu
çyra
hylly
tekje
kaappi
şkaf
televisio
telewizor
takka
kamin
kukka
gül
tyyny
ýassyk
sohva
diwan
maljakko
küýze
kaukosäädin
aralykdan dolandyryş pulty

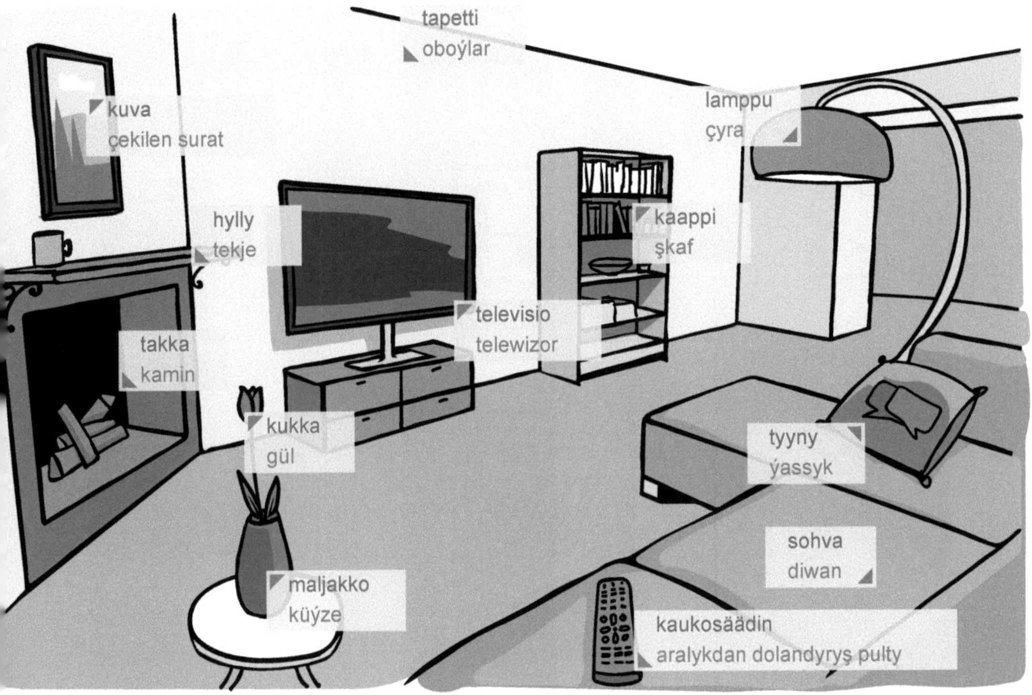

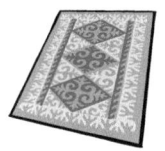

matto
haly

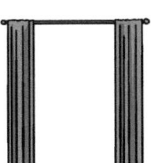

verho
tuty

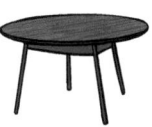

pöytä
stol

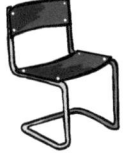

tuoli
oturgyç

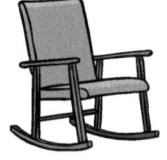

keinutuoli
öňe-yza gaýdýan kürsi

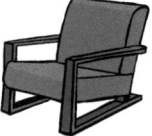

nojatuoli
kürsi

kirja

kitap

peitto

örtgi

koriste

bezeg

polttopuut

odun

elokuva

film

stereot

stereo ulgam

avain

açar

sanomalehti

gazet

maalaus

surat

juliste

ündewsurat

radio

radio

muistivihko

bloknot

pölynimuri

tozan sorujy

kaktus

kaktus

kynttilä

şem

keittiö
aşhana

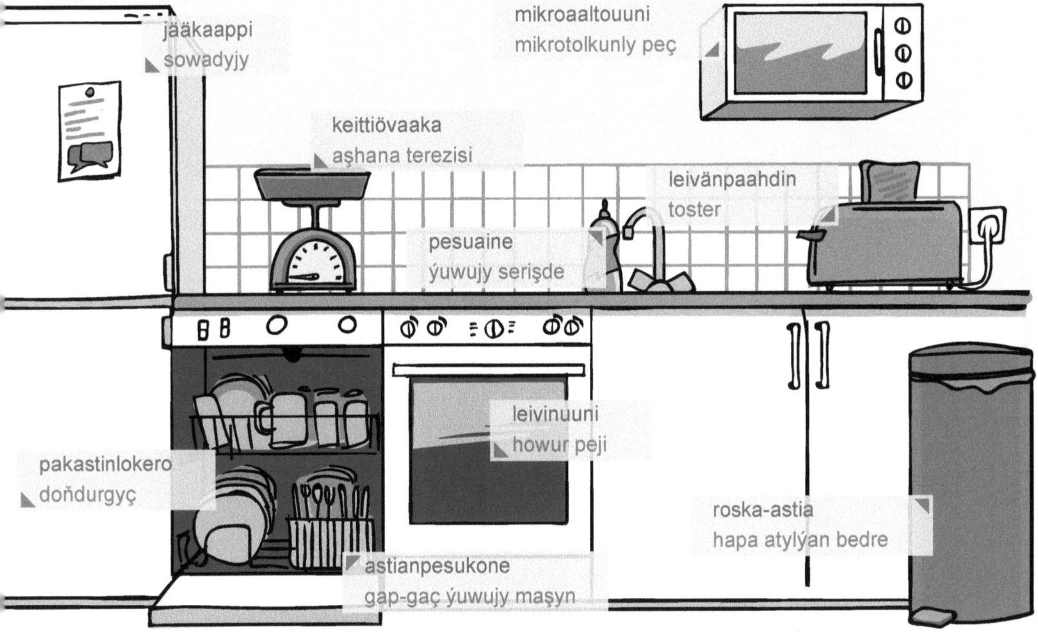

jääkaappi
sowadyjy
mikroaaltouuni
mikrotolkunly peç
keittiövaaka
aşhana terezisi
leivänpaahdin
toster
pesuaine
ýuwujy serişde
leivinuuni
howur peji
pakastinlokero
doňdurgyç
roska-astia
hapa atylýan bedre
astianpesukone
gap-gaç ýuwujy maşyn

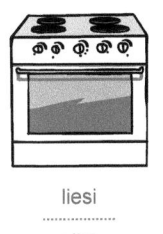

liesi

plita

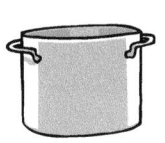

kattila

piti

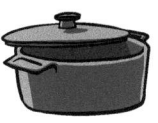

rautapata

çoýun gazany

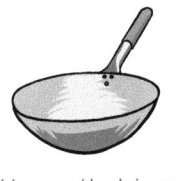

vokkipannu / kadai-pannu

wok / kadaý

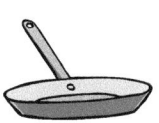

paistinpannu

saç

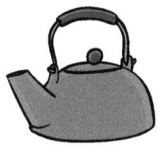

teepannu

çäýnek, kitir

höyrykeitin

bugda bişiriji

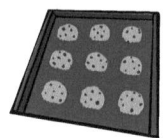

uunipelti

protiwen

astiat

gap-gaç

muki

kürşge

kulho

jam

syömäpuikot

nahar iýilýän taýajyklar

kauha

susak

paistinlasta

piljagaz

vispilä

ýaýylýan maşyn

siivilä

elek

siivilä

elek

raastin

gyrgyç

mortteli

soky

grilli

gril

avotuli

ot

leikkuulauta

tagta

kaulin

oklaw

korkinavaaja

ştopor

purkki

tüneke banka

purkinavaaja

konserwa pyçagy

pannulappu

tutguç

lavuaari

rakowina

tiskiharja

çotga

pesusieni

gubka

tehosekoitin

mikser

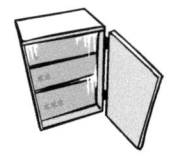

pakastin

doňdurma kamerasy

tuttipullo

çagany iýmitlendirmek üçin çüýşejik

vesihana

kran

kylpyhuone

wanna otagy

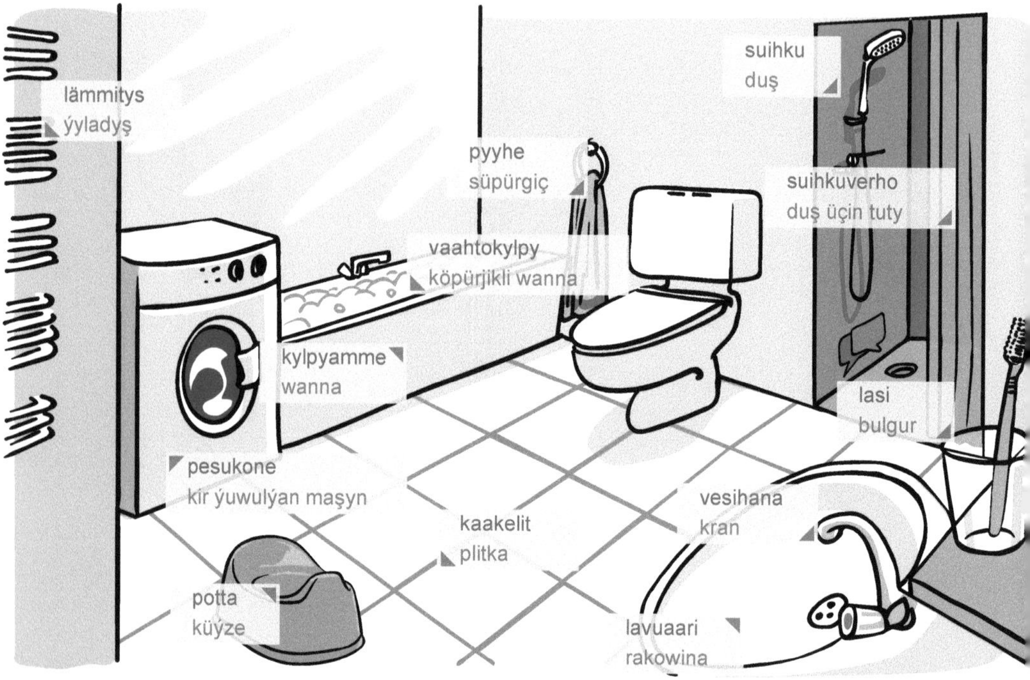

suihku
duş
lämmitys
ýyladyş
pyyhe
süpürgiç
suihkuverho
duş üçin tuty
vaahtokylpy
köpürjikli wanna
kylpyamme
wanna
lasi
bulgur
pesukone
kir ýuwulýan maşyn
vesihana
kran
kaakelit
plitka
potta
küýze
lavuaari
rakowina

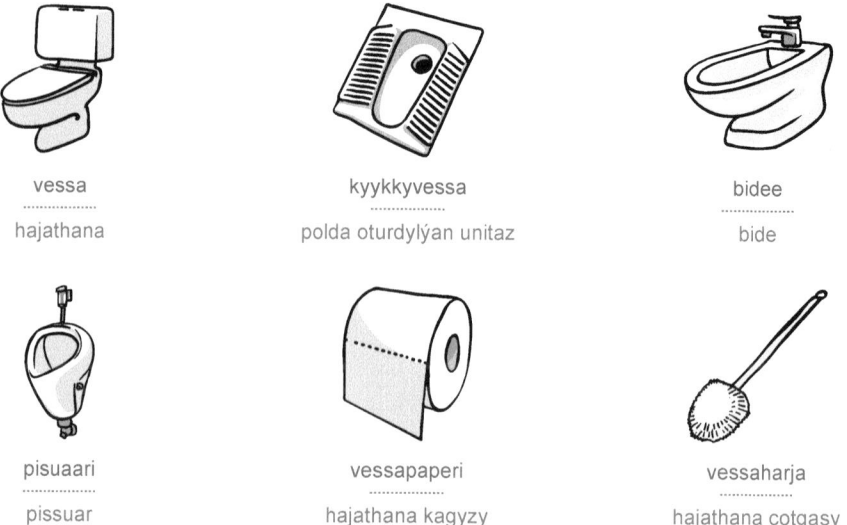

vessa

hajathana

kyykkyvessa

polda oturdylýan unitaz

bidee

bide

pisuaari

pissuar

vessapaperi

hajathana kagyzy

vessaharja

hajathana çotgasy

hammasharja

diş çotgasy

hammastahna

diş pastasy

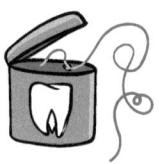

hammaslanka

diş sapagy

pestä

ýuwmak

käsisuihku

el duşy

intiimisuihku

şahsy duş

pesuvati

legen

selkäharja

arka üçin çotga

saippua

sabyn

suihkugeeli

duş üçin gel

shampoo

şampun

pesulappu

moçalka

viemäri

akyş

voide

krem

deodorantti

dezodorant

peili

aýna

käsipeili

el aýnasy

partaveitsi

päki

partavaahto

sakgal syrmak üçin köpürjik

partavesi

sakgal syrylanyndan soňky losýon

kampa

darak

harja

çotga

hiustenkuivaaja

fen

hiuslakka

saç üçin lak

meikki

kosmetika

huulipuna

dodaga çalynýan reňk

kynsilakka

dyrnaga çalynýan reňk

pumpuli

pamyk

kynsisakset

manikýur gaýçysy

hajuvesi

atyr

kosmetiikkalaukku

kosmetika üçin gutujyk

jakkara

oturgyç

vaaka

terezi

kylpytakki

halat

kumihansikkaat

rezin ellik

tamponi

tampon

terveysside

gigiýena prokladkasy

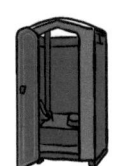

kemiallinen wc

biohajathana

lastenhuone
çaga otagy

herätyskello
oýaryjy
pehmolelu
ýumşak oýnawaç
leikkiauto
oýnawaç awtoulag
helistin
şakyrdawukly oýnawaç
nukkekoti
gurjak öýi
lahja
sowgat

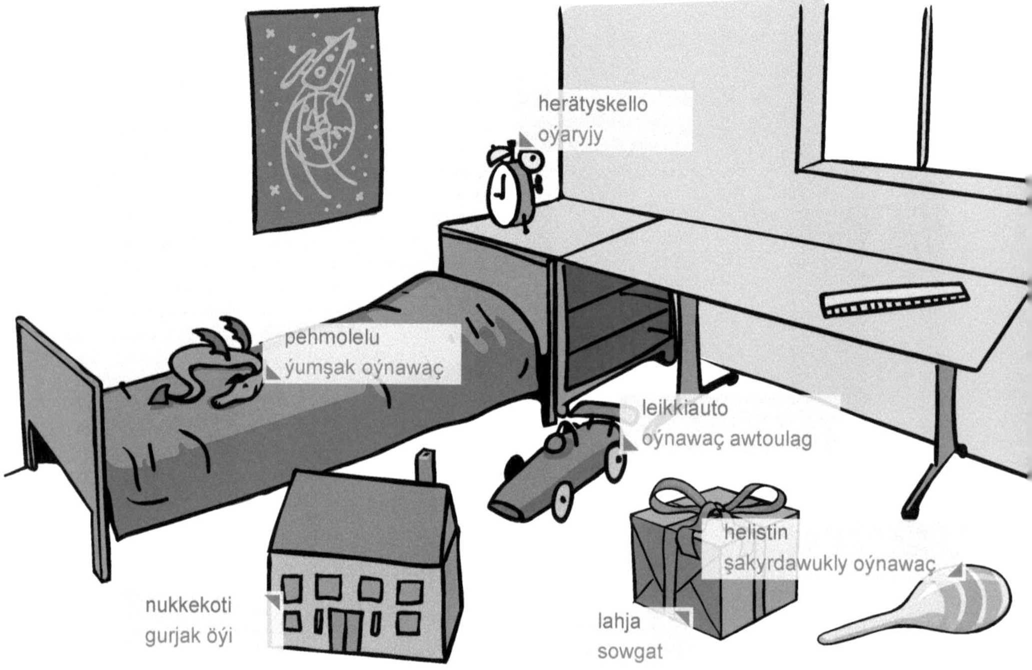

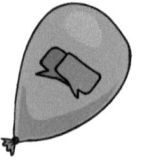

ilmapallo

howaly şar

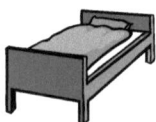

sänky

ýatakça

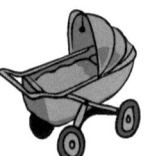

lastenvaunut

çaga arabasy

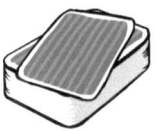

korttipeli

kart oýny

palapeli

pazl

SUPER
MEGA

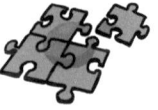

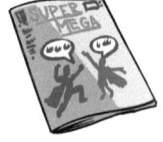

sarjakuva

komiks

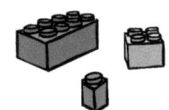

legopalikat

Lego kerpiçleri

rakennuspalikat

kubikler

supersankari

oýnawaç şekil

potkupuku

çagalar üçin joraply balak

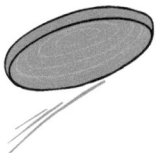

frisbee

frisbi

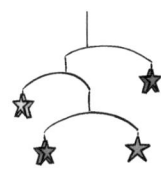

mobile

mobile

lautapeli

stolüsti oýun

noppa

kubik

pienoisjunarata

demir ýolunyň modeli

tutti

soska

juhlat

şagalaň

kuvakirja

şekilli kitap

pallo

top

nukke

gurjak

leikkiä

oýnamak

hiekkalaatikko

çäge aýmança

keinu

hiňňildik

lelut

oýnawaç

pelikonsoli

oýun pristawkasy

kolmipyörä

üç tigirli welosiped

nalle

plýuşadan aýyjyk

vaatekaappi

egin-eşik üçin şkaf

vaatteet

egin-eşik

sukat

jorap

nylonsukat

çulki

sukkahousut

kolgotka

kaulaliina
şarf

sateenvarjo
saýawan

t-paita
futbolka

vyö
kemer

lenkkarit
krossowka

saappaat
ädik

sisätossut
öý şypbygy

sandaalit	kengät	kumisaappaat
sandaliýa	aýakgap	rezin ädik
alushousut	rintaliivit	aluspaita
türsük	göwüslik	maýka

body
bodi

housut
jalbar

farkut
jins

hame
ýubka

pusero
bluzka

paita
köýnek

villapaita
switer

collegepaita
switer

jakku
sport keltekçesi

takki
žaket

takki
palto

sadetakki
plaş

puku
kostýum

mekko
köýnek

hääpuku
toý köýnegi

puku

erkek üçin kostýum

yöpaita

ýatyş köýnegi

pyjama

pižama

shari

sari

päähuivi

ýaglyk

turbaani

selle

burka

perenji

kaftaani

kaftan

abaya

abaýa

uimapuku

suwa düşmek üçin lybas

uimahousut

plawki

shortsit

şorty

verkkarit

sport lybasy

esiliina

öňlük

käsineet

ellik

nappi
ilik

silmälasit
äÿnek

rannekoru
bilezik

kaulakoru
zynjyr

sormus
ÿüzük

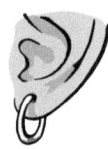

korvakoru
syrga

lippalakki
papak

ripustin
geÿim asgyç

hattu
şlÿapa

solmio
galstuk

vetoketju
syrma

kypärä
şlem

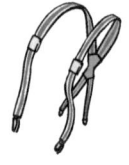

henkselit
egnaşyr kemer

koulupuku
mekdep lybasy

univormu
lybas

ruokalappu

çaga döşlügi

tutti

soska

vaippa

arlyk

toimisto
ofis

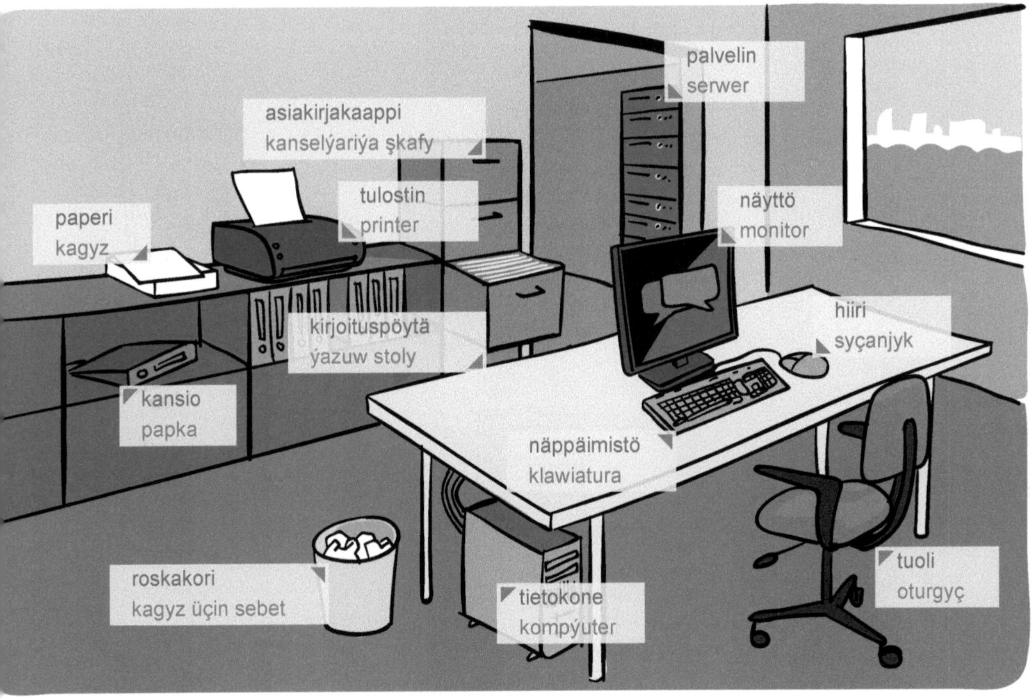

palvelin
serwer

asiakirjakaappi
kanselýariýa şkafy

tulostin
printer

näyttö
monitor

paperi
kagyz

kirjoituspöytä
ýazuw stoly

hiiri
syçanjyk

kansio
papka

näppäimistö
klawiatura

roskakori
kagyz üçin sebet

tietokone
kompýuter

tuoli
oturgyç

kahvimuki

kofe kružkasy

taskulaskin

kalkulýator

internet

internet

kannettava tietokone

noutbuk

kirje

hat

viesti

habar

kännykkä

öyjükli telefon

verkko

tor

kopiokone

kseroks

ohjelmisto

programma

puhelin

telefon

pistorasia

rozetka

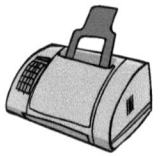

faksi

faks

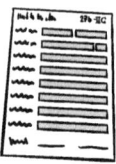

lomake

formulýar

asiakirja

resminama

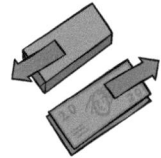

ostaa

satyn almak

maksaa

tölemek

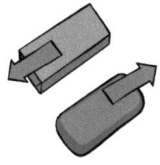

vaihtaa

söwda etmek

raha

pul

 USD

dollari

dollar

 EUR

euro

ýewro

 JPY

jeni

iena

 RUB

rupla

rubl

 CHF

frangi

frank

 CNY

renminbi juan

ženminbi ýuan

 INR

rupia

rupiýa

pankkiautomaatti

bankomat

rahanvaihto

walýuta çalyşmak üçin bent

kulta

altyn

hopea

kümüş

öljy

nebit

energia

energiýa

hinta

baha

sopimus

şertnama

vero

salgyt

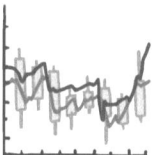

osake

paýnama

työskennellä

işlemek

työntekijä

gullukçy

työnantaja

iş beriji

tehdas

fabrik

liike

dükan

ammatit
hünärler

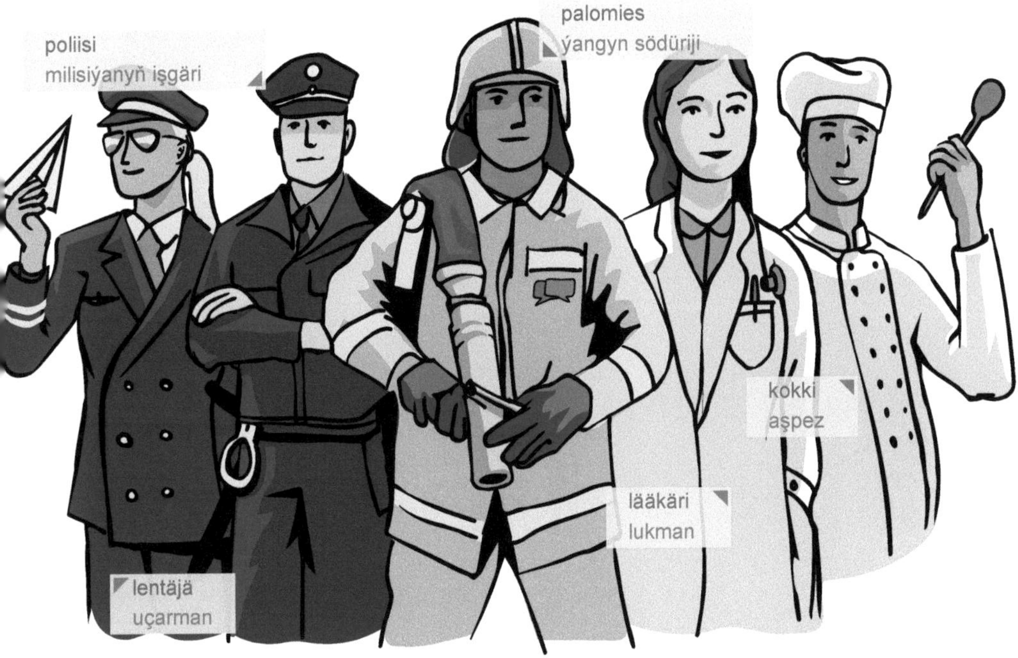

palomies
ýangyn södüriji
poliisi
milisiýanyň işgäri
kokki
aşpez
lääkäri
lukman
lentäjä
uçarman

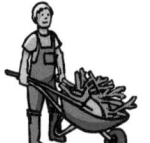

puutarhuri
bagban

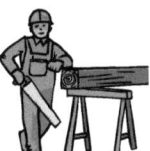

puuseppä
agaç ussasy

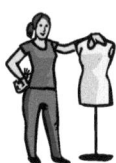

ompelija
tikinçi

tuomari
kazy

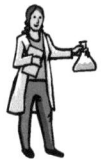

kemisti
himik

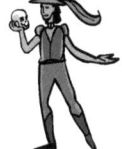

näyttelijä
aktýor

linja-autonkuljettaja

awtobus sürüjisi

taksinkuljettaja

taksiçi

kalastaja

balykçy

siivooja

tam süpüriji

katontekijä

üçek basyrýan ussa

tarjoilija

ofisiant

metsästäjä

awçy

maalari

suratçy

leipuri

çörekçi

sähköasentaja

elektrik

rakentaja

gurluşykçy

insinööri

inžener

teurastaja

gassap

putkiasentaja

santehnik

postinjakaja

hatçy

sotilas
esger

arkkitehti
binagär

kassanhoitaja
pulhanaçy

floristi
floraçy

kampaaja
dellekçi

konduktööri
konduktor

mekaanikko
mehanik

kapteeni
kapitan

hammaslääkäri
diş lukmany

tiedemies
alym

rabbi
rawwin

imaami
imam

munkki
monah

pappi
ruhany

työkalut

gurallar

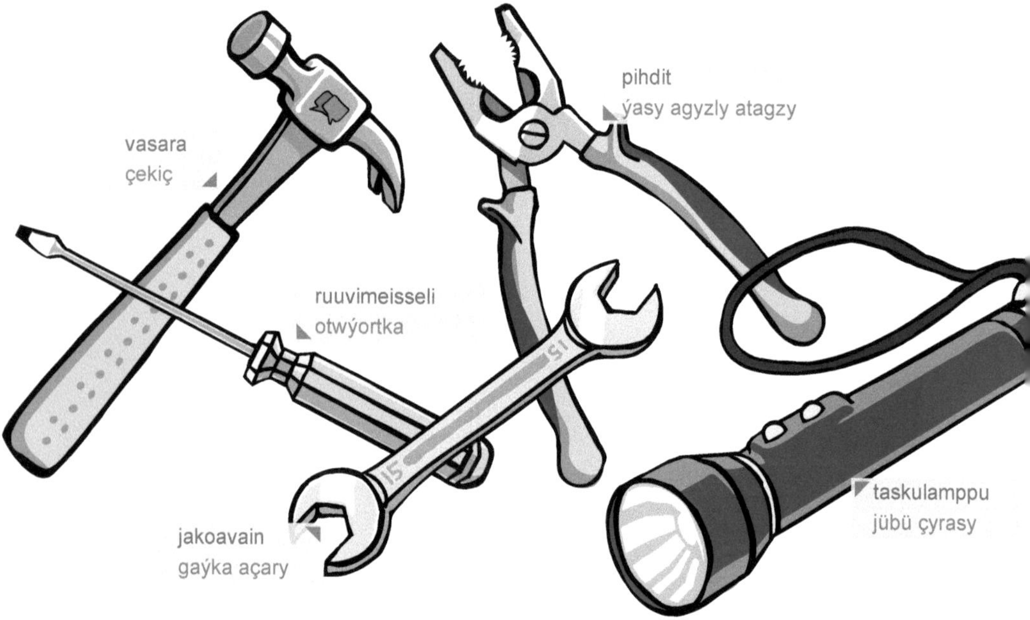
vasara
çekiç
pihdit
ýasy agyzly atagzy
ruuvimeisseli
otwýortka
jakoavain
gaýka açary
taskulamppu
jübü çyrasy

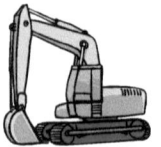

kaivinkone

ekskawator

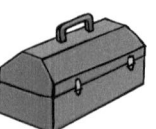

työkalupakki

gurallar üçin gap

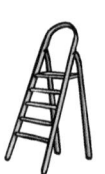

tikkaat

merdiwan

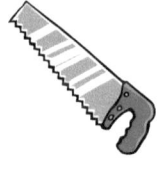

saha

byçgy

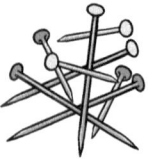

naulat

çüýler

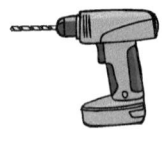

pora

drel

korjata
abatlamak

lapio
pil

Hitto!
Bolmandyr!

rikkalapio
susguç

maalipurkki
boýagly bedre

ruuvit
nurbatlar

soittimet
saz gurallary

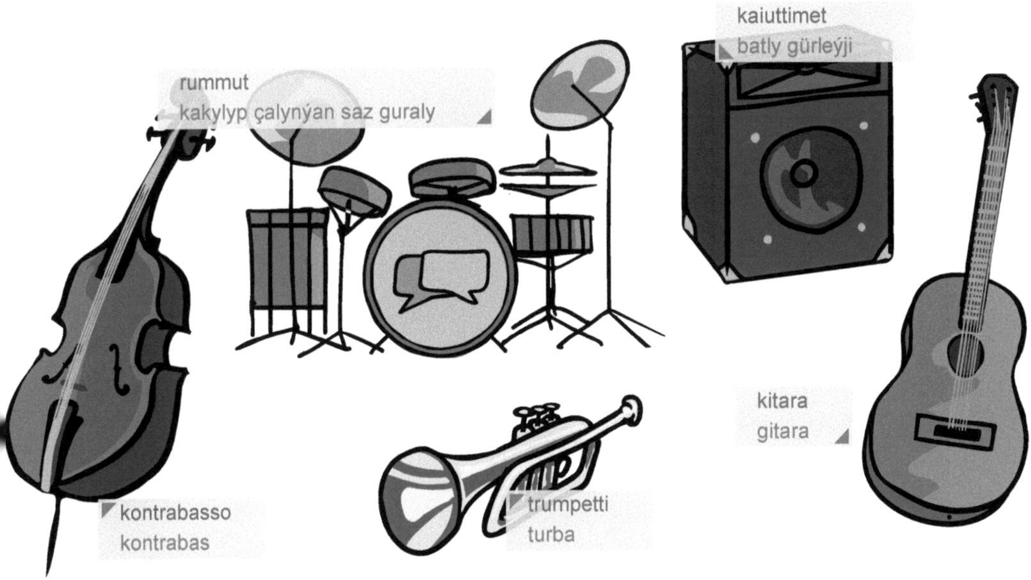

rummut
kakylyp çalynýan saz guraly

kaiuttimet
batly gürleýji

kontrabasso
kontrabas

trumpetti
turba

kitara
gitara

piano

pianino

viulu

skripka

basso

bas-gitara

patarummut

nagara

rumpu

deprek

kosketinsoitin

sintezator

saksofoni

saksafon

huilu

fleýta

mikrofoni

mikrofon

eläintarha
haýwanat bagy

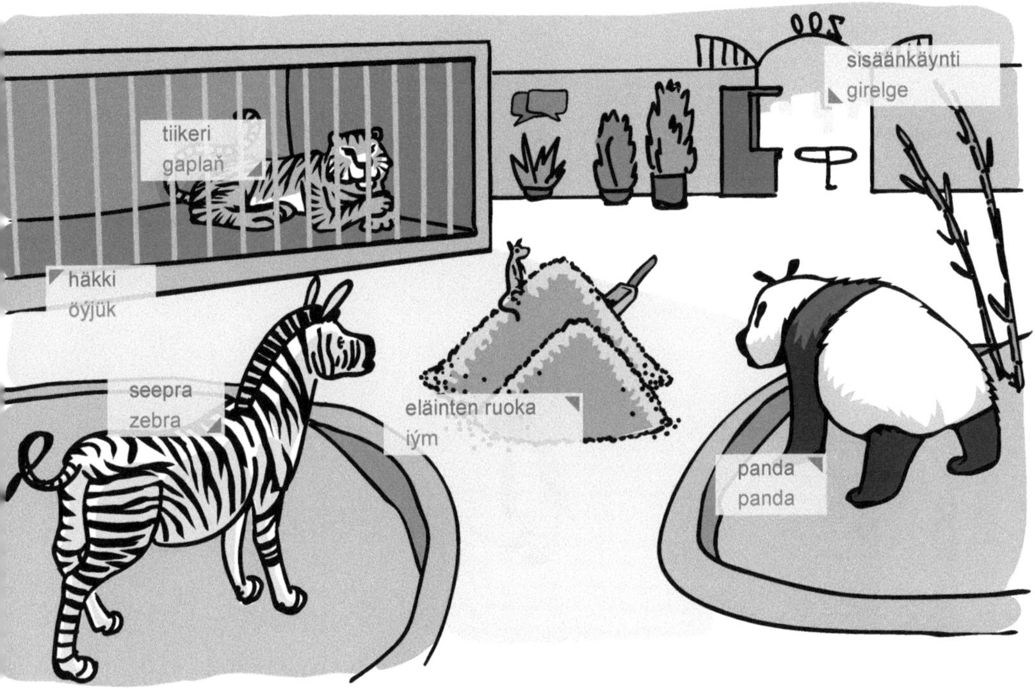

sisäänkäynti
girelge
tiikeri
gaplaň
häkki
öýjük
seepra
zebra
eläinten ruoka
iým
panda
panda

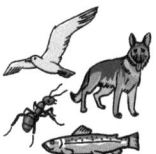

eläimet

haýwanlar

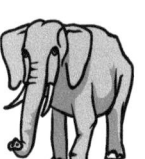

norsu

pil

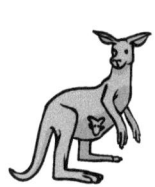

kenguru

kenguru

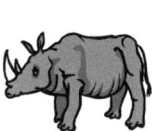

sarvikuono

nosorog

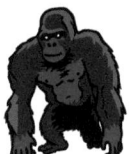

gorilla

gorilla

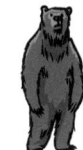

karhu

aýy

kameli

düýe

strutsi

düýeguş

leijona

ýolbars

apina

maýmyn

flamingo

gyzylinjik

papukaija

hindiguş

jääkarhu

ak aýy

pingviini

pingwin

hai

akula

riikinkukko

tawus

käärme

ýylan

krokotiili

krokodil

eläintarhanhoitaja

haýwanat bagynyň
gullukçysy

hylje

düwlen

jaguaari

ýaguar

poni

poni

leopardi

gaplaň

virtahepo

begemot

kirahvi

žiraf

kotka

bürgüt

villisika

ýekegapan

kala

balyk

kilpikonna

pyşbaga

mursu

suwpişik

kettu

tilki

gaselli

jeren

amerikkalainen jalkapallo
amerikan

pyöräily
tigir sürmek

tennis
tennis

koripallo
basketbol

uinti
ýüzme

nyrkkeily
boks

jääkiekko
hokkeý

jalkapallo
futbol

sulkapallo
badminton

yleisurheilu
ýeñil atletika

käsipallo
gandbol

hiihto
lyža sporty

poolo
polo

aktiviteetit
hereket

nauraa
gülmek
hypätä
bökmek
halata
gujaklamak
kävellä
gitmek
laulaa
aýdym aýtmak
unelmoida
arzuw etmek
rukoilla
dilemek
suudella
öpmek

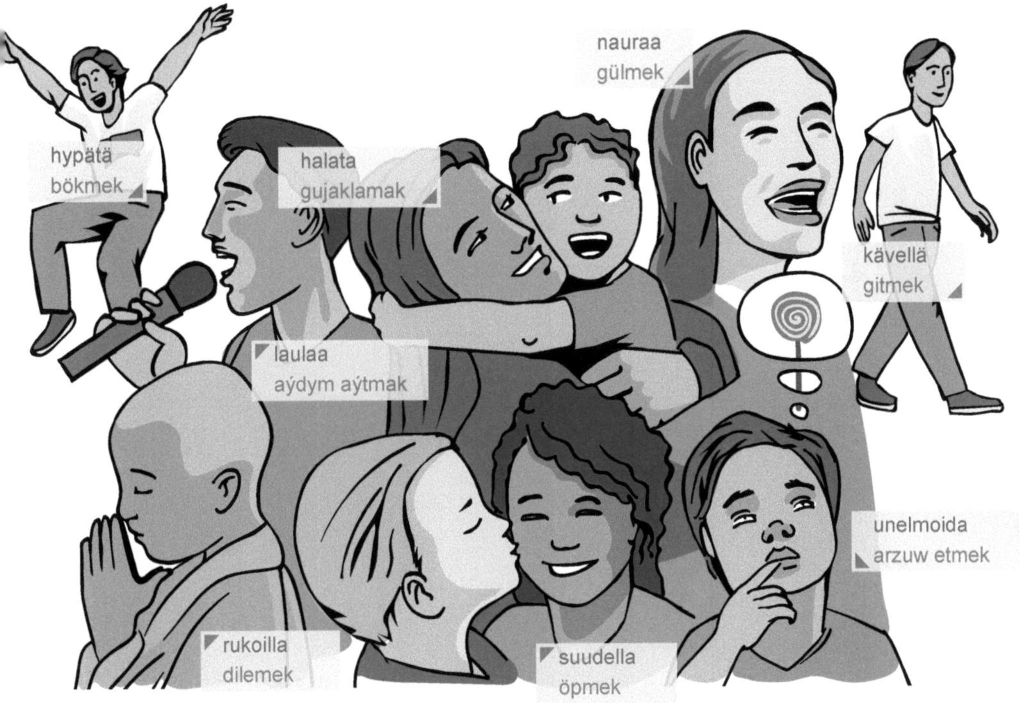

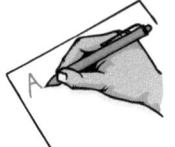

kirjoittaa
ýazmak

piirtää
surat çekmek

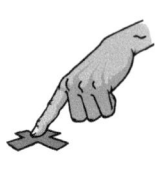

näyttää
görkezmek

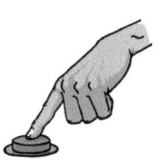

painaa
basmak

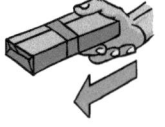

antaa
bermek

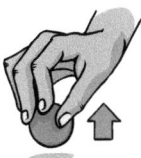

ottaa
almak

omistaa

eýe bolmak

tehdä

etmek

olla

bolmak

seisoa

durmak

juosta

ylgamak

vetää

çekmek

heittää

taşlamak

kaatua

gaçmak

maata

ýatmak

odottaa

garaşmak

kantaa

götermek

istua

oturmak

pukeutua

geýmek

nukkua

ýatmak

herätä

oýanmak

katsoa
görmek

itkeä
aglamak

silittää
sypalamak

kammata
daramak

puhua
gürlemek

ymmärtää
düşünmek

kysyä
soramak

kuunnella
diňlemek

juoda
içmek

syödä
iýmek

siivota
tertipleşdirmek

rakastaa
söýmek

keittää
taýýarlmak

ajaa
gitmek

lentää
uçmak

purjehtia

ýelkeni ýaýyp gitmek

laskea

hasaplamak

lukea

okamak

oppia

okamak

työskennellä

işlemek

mennä naimisiin

nikalaşmak

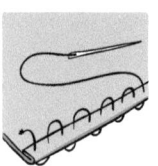

ommella

dikmek

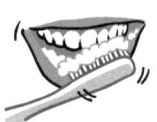

pestä hampaat

dişiňi arassalamak

tappaa

öldürmek

tupakoida

çilim çekmek

lähettää

ugratmak

mummo
ene

ukki
ata

isä
kaka

äiti
eje

vauva
bäbek

tytär
gyz

poika
ogul

vieras

myhman

täti

daýza

setä

daýy

veli

aga

sisko

uýa

vartalo

ten

otsa
maňlaý
silmä
göz
olkapää
egin
sormet
barmak
kasvot
ýüz
leuka
äň
käsi
penje
jalka
aýak
rinta
döş
käsivarsi
el

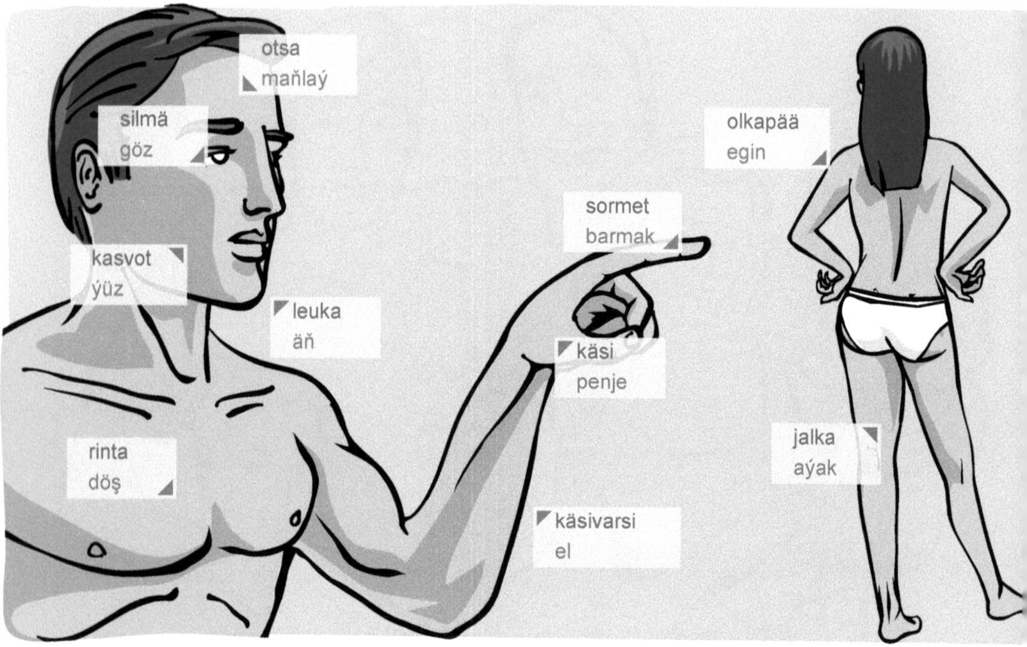

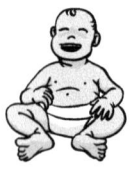

vauva

bäbek

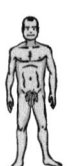

mies

erkek

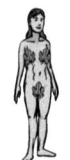

nainen

aýal

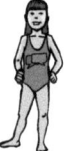

tyttö

gyz

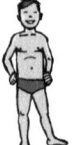

poika

oglan

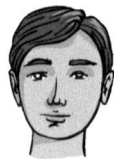

pää

kelle

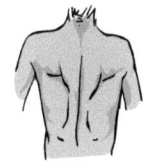

selkä
arka

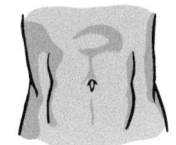

maha
garyn

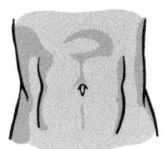

napa
göbek

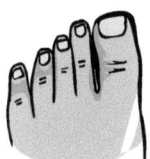

varvas
aýak barmagy

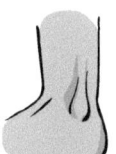

kantapää
ökje

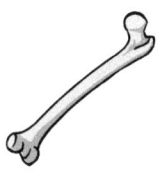

luu
süňk

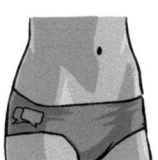

lantio
but

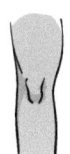

polvi
dyz

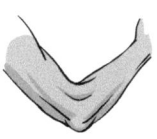

kyynärpää
tirsek

nenä
burun

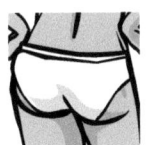

takapuoli
ýanbaş

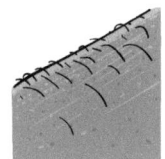

iho
deri

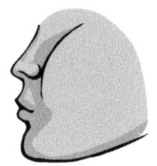

poski
ýaňak

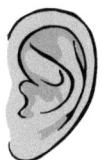

korva
gulak

huuli
dodak

suu
agyz

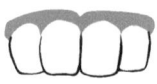

hammas
diş

kieli
dil

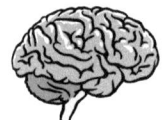

aivot
beýni

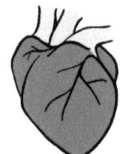

sydän
ýürek

lihas
myşsa

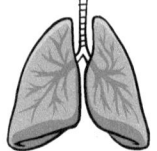

keuhkot
öýken

maksa
bagyr

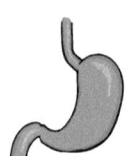

vatsa
aşgazan

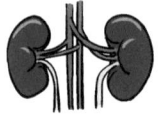

munuaiset
böwrek

seksi
jyns ýakynlygy

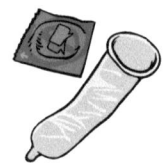

kondomi
prezerwatiw

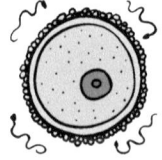

munasolu
erkeklik jyns öýjügi

sperma
tohumlyk

raskaus
göwrelilik

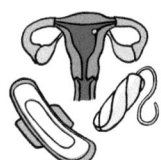

kuukautiset

bil açylma

vagina

wagina

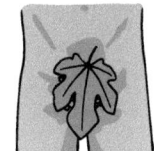

penis

erkek jyns agzasy

kulmakarvat

gaş

hiukset

saç

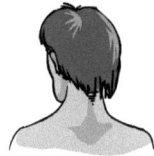

niska

boýun

sairaala
hassahana

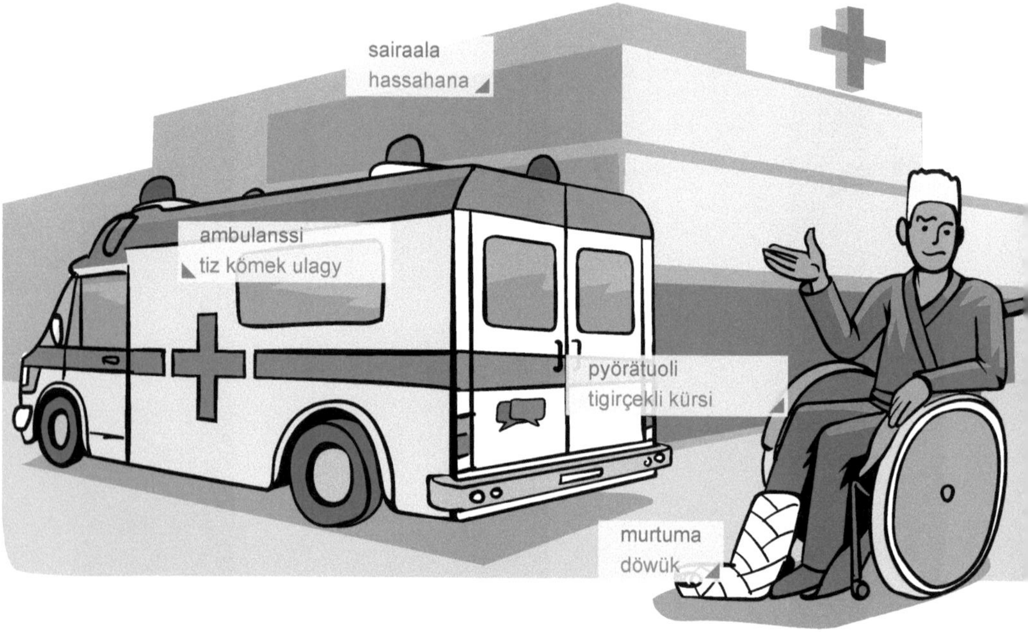

sairaala
hassahana

ambulanssi
tiz kömek ulagy

pyörätuoli
tigirçekli kürsi

murtuma
döwük

lääkäri

lukman

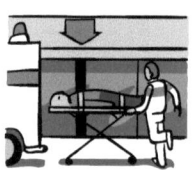

ensiapu

ilkinji kömek nokady

sairaanhoitaja

şepagat uýasy

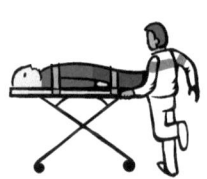

hätätilanne

gaýragoýulmasyz ýagdaý

tajuton

özüni bilmän

kipu

agyry

72

vamma

zeper ýetme

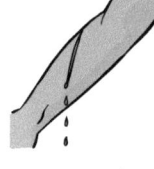

verenvuoto

gan akmasy

sydänkohtaus

infarkt

aivoinfarkti

insult

allergia

allergiýa

yskä

üsgülik

kuume

ýokarlanan temperatura

flunssa

dümew

ripuli

içgeçme

päänsärky

kelle agyrysy

syöpä

rak

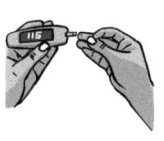

diabetes

diabet

kirurgi

hirurg

veitsi

skalpel

leikkaus

operasiýa

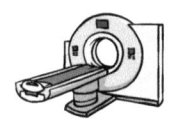

ct

iÿmit siňdirýän ortlaryň jemi

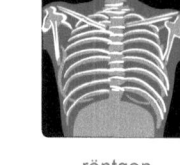

röntgen

rentgen

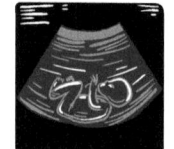

ultraääni

ultrases

maski

maska

sairaus

kesel

odotushuone

kabulhana

sauva

pişek

laastari

plastyr

side

bint

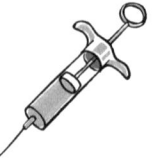

pistos

sanjym

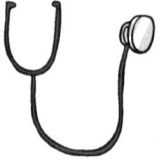

stetoskooppi

stetoskop

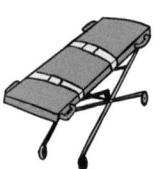

paarit

zemmer

kuumemittari

termometr

syntymä

dogluş

ylipaino

artykmaç agram

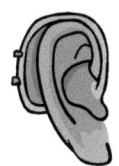

kuulolaite

eşidiş abzaly

desinfiointiaine

zyýansyzlandyryjy serişde

infektio

ýokanç

virus

wirus

HIV / AIDS

WIÇ/ AIDS

lääke

derman

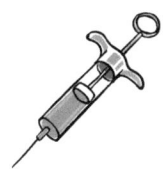

rokotus

öňüni alyş sanjymy

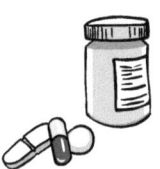

tabletit

gerdejikler

pilleri

göwreli bolmakdan goraýan gerdejik

hätäpuhelu

gaýragoýulmasyz çagyryş

verenpainemittari

gan basyşyny ölçeýji abzal

sairas / terve

näsag / sagdyn

Apua!
Kömek ediň!

hälytys
howsala signaly

ryöstö
çozuş

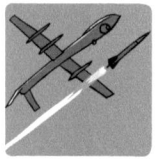

hyökkäys
hüjüm

vaara
howp

hätäuloskäynti
ätiýaçlyk çykalgasy

Tulipalo!
Ýangyn!

palosammutin
ot söndürijisi

onnettomuus
betbagtçylykly ýagdaý

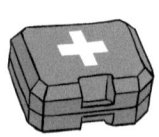

ensiapulaukku
derman gutujygy

SOS
SOS

poliisilaitos
milisiýa

Eurooppa

Ýewropa

Pohjois-Amerikka

Demirgazyk Amerika

Etelä-Amerikka

Günorta Amerika

Afrikka

Afrika

Aasia

Aziýa

Australia

Awstraliýa

Atlantin valtameri

Atlantika ummany

Tyynimeri

Ýuwaş umman

Intian valtameri

Hindi ummany

Eteläinen jäämeri

Antarktika ummany

Pohjoinen jäämeri

Demirgazyk Buzly umman

pohjoisnapa

Demirgazyk polýusy

etelänapa

Günorta polýusy

Antarktis

Antarktida

maa

zemin

maa

gury ýer

meri

deňiz

saari

ada

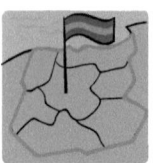

kansa

millet

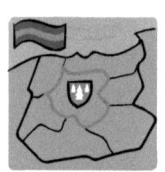

osavaltio

döwlet

kellotaulu

siferblat

tuntiviisari

sagadyň dili

minuuttiviisari

minut görkezýän dil

sekuntiviisari

sekundy görkezýän dil

Paljonko kello on?

sagat näçe?

päivä

gün

aika

wagt

nyt

häzir

digitaalikello

elektron sagady

minuutti

minut

tunti

sagat

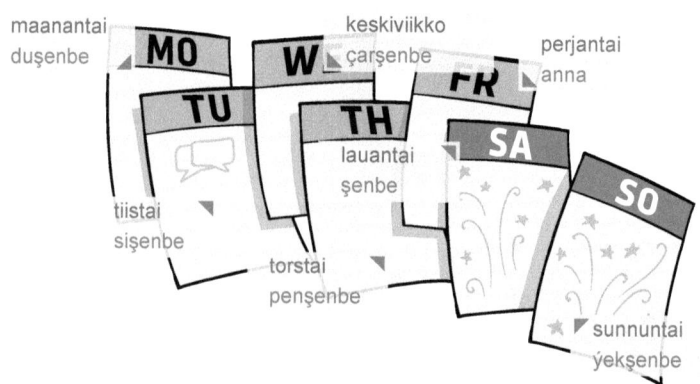

maanantai
duşenbe

keskiviikko
çarşenbe

perjantai
anna

lauantai
şenbe

tiistai
sişenbe

torstai
penşenbe

sunnuntai
ýekşenbe

eilen
düýn

tänään
şu gün

huomenna
ertir

aamu
säher

keskipäivä
günortan

ilta
agşamlyk

MO	TU	WE	TH	FR	SA	SU
1	2	3	4	5	6	7
8	9	10	11	12	13	14
15	16	17	18	19	20	21
22	23	24	25	26	27	28
29	30	31	1	2	3	4

työpäivät
iş günler

MO	TU	WE	TH	FR	SA	SU
1	2	3	4	5	6	7
8	9	10	11	12	13	14
15	16	17	18	19	20	21
22	23	24	25	26	27	28
29	30	31	1	2	3	4

viikonloppu
dynç günler

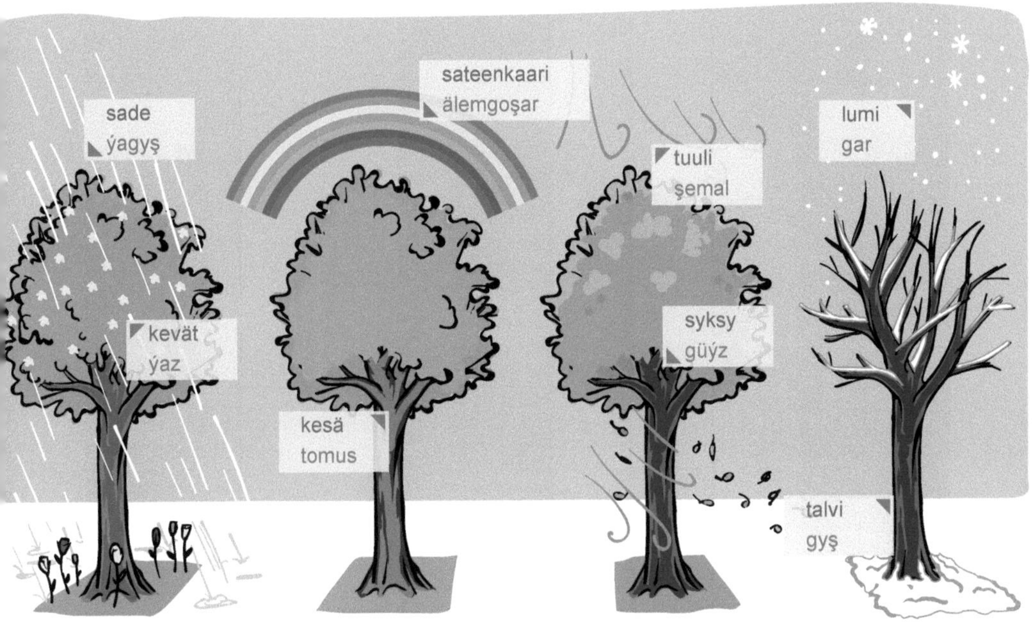

sade
ýagyş

sateenkaari
älemgoşar

tuuli
şemal

lumi
gar

kevät
ýaz

kesä
tomus

syksy
güýz

talvi
gyş

4.APRIL	11°	☀
5.APRIL	4°	☁
6.APRIL	13°	🌧
7.APRIL	8°	☀
8.APRIL	10°	☀

sääennuste
howa maglumaty

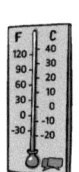

lämpömittari
termometr

auringonpaiste
gün ýagtylygy

pilvi
gara bulut

sumu
ümür

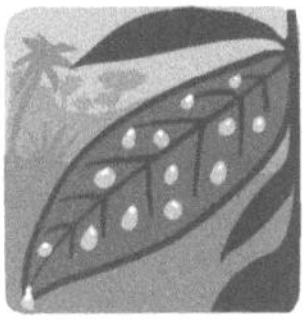

ilmankosteus
howanyň çyglylygy

salama

ýyldyrym

ukkonen

gök gümmürdisi

myrsky

tupan

rae

doly

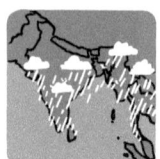

monsuuni

musson

tulva

suw alma

jää

buz

tammikuu

ýanwar

helmikuu

fewral

maaliskuu

mart

huhtikuu

aprel

toukokuu

maý

kesäkuu

iýun

heinäkuu

iýul

elokuu

awgust

syyskuu

sentÿabr

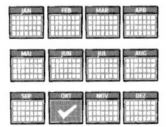

lokakuu

oktÿabr

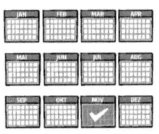

marraskuu

noÿabr

joulukuu

dekabr

muodot
görnüşler

ympyrä

tegelek

neliö

kwadrat

suorakulmio

göniburçluk

kolmio

üçburçluk

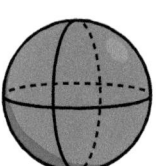

pallo

şar

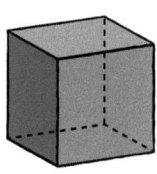

kuutio

kub

valkoinen

ak

keltainen

sary

oranssi

mämişi

vaaleanpunainen

gülgüne

punainen

gyzyl

violetti

liliýa reňkli

sininen

gök

vihreä

ýaşyl

ruskea

goňur

harmaa

çal

musta

gara

paljon / vähän

köp / az

vihainen / ystävällinen

gazaply / asuda

kaunis / ruma

owadan / betnyşan

alku / loppu

başy / soňy

suuri / pieni

uly / kiçi

vaalea / tumma

açyk / garaňky

veli / sisko

oglan dogan / gyz dogan

puhdas / likainen

arassa / hapa

täydellinen / epätäydellinen

doly / doly däl

päivä / yö

gündiz / gije

kuollut / elävä

jansyz / diri

leveä / kapea

giň / dar

syötävä / syömäkelvoton

iýilýän / iýilmeýän

paha / kiltti

gaharly / dostlukly

innostunut / tylsistynyt

tolgunly / tukat

lihava / laiha

çişik / hor

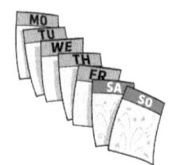

ensimmäinen / viimeinen

başda / soňunda

ystävä / vihollinen

dost / duşman

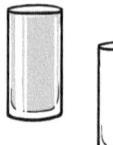

täysi / tyhjä

doly / boş

kova / pehmeä

berk / ýumşak

painava / kevyt

agyr / ýeňil

nälkä / jano

açlyk / teşnelik

sairas / terve

näsag / sagdyn

laiton / laillinen

bikanun / kanuny

älykäs / tyhmä

akyly / akmak

vasen / oikea

çepde / sagda

lähellä / kaukana

ýakyn / daş

uusi / käytetty

täze / ulanylan

ei mitään / jotain

hiç zat / bir zat

vanha / nuori

garry / ýaş

päällä / pois päältä

ýakylan / söndürilen

auki / kiinni

açyk / ýapyk

hiljainen / äänekäs

ýuwaş / gaty

rikas / köyhä

baý / garyp

oikein / väärin

dogry / nädogry

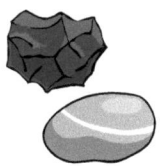

karhea / sileä

büdür-südür / tekiz

surullinen / iloinen

gamgyly / şatlykly

lyhyt / pitkä

gysga / uzyn

hidas / nopea

haýal / tiz

märkä / kuiva

öl / gury

lämmin / viileä

ýyly / sowuk

sota / rauha

uruş / parahatçylyk

0

nolla

nul

1

yksi

bir

2

kaksi

iki

3

kolme

üç

4

neljä

dört

5

viisi

bäş

6

kuusi

alty

7

seitsemän

ýedi

8

kahdeksan

sekiz

9

yhdeksän

dokuz

10

kymmenen

on

11

yksitoista

on bir

12

kaksitoista

on iki

13

kolmetoista

on üç

14

neljätoista

on dört

15

viisitoista

on bäş

16

kuusitoista

on alty

17

seitsemäntoista

on ýedi

18

kahdeksantoista

on sekiz

19

yhdeksäntoista

on dokuz

20

kaksikymmentä

ýigrimi

100

sata

ýüz

1.000

tuhat

müň

1.000.000

miljoona

million

englanti

iňlis

amerikanenglanti

amerikan iňlis

mandariinikiina

mandarin hytaý

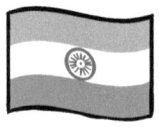

hindi

hindi

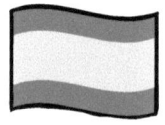

espanja

ispan

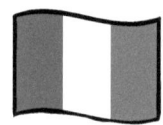

ranska

fransuz

arabia

arap

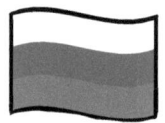

venäjä

rus

portugali

portugal

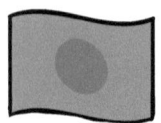

bengali

bengal

saksa

nemes

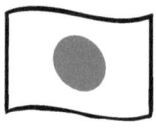

japani

ýapon

minä

men

sinä

sen

hän

ol (oglan) / ol (gyz) / ol
(jansyz zat)

me

biz

te

siz

he

olar

kuka?

kim?

mitä / mikä?

näme?

miten?

nähili?

missä?

nirede?

milloin?

haçan?

nimi

ady

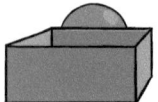

takana

yzynda

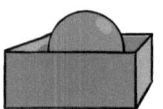

sisällä

içinde

edessä

öñünde

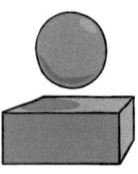

yläpuolella

bir zadyň üsti

päällä

üstünde

alapuolella

aşagynda

vieressä

ẏanynda

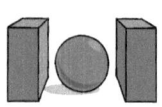

välissä

arasynda

paikka

ẏer